第三册

中华传统文化
走进齐文化 3

《中华传统文化——走进齐文化》编委会 编

中国社会科学出版社

图书在版编目(CIP)数据

中华传统文化:走进齐文化:全十二册/《中华传统文化——走进齐文化》编委会编. —北京：中国社会科学出版社，2023.6（2023.11重印）
ISBN 978-7-5227-2077-7

Ⅰ.①中… Ⅱ.①中… Ⅲ.①齐文化—青少年读物
Ⅳ.①K871.3-49

中国国家版本馆 CIP 数据核字(2023)第 105321 号

出 版 人	赵剑英
责任编辑	孙婷筠
责任校对	牛 玺
责任印制	戴 宽

出 版	中国社会科学出版社
社 址	北京鼓楼西大街甲 158 号
邮 编	100720
网 址	http://www.csspw.cn
发 行 部	010-84083685
门 市 部	010-84029450
经 销	新华书店及其他书店
印刷装订	北京君升印刷有限公司
版 次	2023 年 6 月第 1 版
印 次	2023 年 11 月第 2 次印刷
开 本	710×1000 1/16
印 张	95
字 数	1505 千字
定 价	163.00 元（全十二册）

凡购买中国社会科学出版社图书，如有质量问题请与本社营销中心联系调换
电话：010-84083683

版权所有　侵权必究

《中华传统文化——走进齐文化》编纂委员会

主　　任：崔国华
副 主 任：张锡华　王先伟　刘建伟　段玉强　王　鹏　冷建敏
　　　　　刘　琳　罗海蛟
名誉主任：张成刚　刘学军　宋爱国
委　　员：（以姓氏笔画为序）
王　宏　王　凯　许之学　许跃刚　孙正军　孙林涛　孙镜峰
李安亮　李新彦　李德乾　张建仁　张振斌　韩相永　路　栋

《中华传统文化——走进齐文化》编审人员

主　　编：徐广福　李德刚
副 主 编：王　鹏　朱奉强　许跃刚　李新彦　吴同德　于建磊
　　　　　闫永洁
编写人员：（以姓氏笔画为序）
于孝连　王会芳　王桂刚　王景涛　边心国　齐玉芝　李东梅
张爱玲　赵文辉　高科江　袁训海

《中华传统文化——走进齐文化》本册编委

本册主编：张建仁
副 主 编：高科江 刘金路
编　 者：崔国建 黄 艳 钟丽丽 孙志平
　　　　　王丽华 史艳美 朱丽娜 窦艳云
　　　　　张 娟 周东军
文字编辑：陈朝阳
美术编辑：孙 玲

前 言

齐文化是中华民族传统文化的重要组成部分，它所具有的鲜明的开放、包容、务实、创新的文化精神，不仅在我国古代社会产生过重大影响，而且已经穿越时空，历久弥新，对今人依然有许多启迪和借鉴意义。

《中华传统文化——走进齐文化》编写委员会以教育部《完善中华优秀传统文化教育指导纲要》为指针，从传统文化与时代精神的结合上把握齐文化的特点，遵循青少年身心发展规律和教育规律，面向中小学生，一体化设计本书的编写内容与编写体例，使本书由浅入深，由分到总，由具象到抽象，由感性到理性，点面结合，纵向延伸，呈现出层级性、有序性、衔接性和系统性。

本书编写以"亲近齐文化—感知齐文化—理解齐文化—探究齐文化"为总体编写思路。

小学低年级（一至二年级），以滋养学生对齐文化的亲近感为侧重点，开展启蒙教育，培育热爱齐文化的情感。

小学高年级（三至五年级），以提高学生对齐文化的感知力为侧重点，开展认知教育，使学生了解齐文化的丰富多彩。

初中阶段，以增强学生对齐文化的理解力为侧重点，开展通识教育，使学生了解齐国历史的重要史实和发展的基本线索，以及齐地风俗，赏析齐国的文学艺术和经典名著选段，提高对齐文化的认同度。

高中阶段，以提升学生对齐文化的理性认识为侧重点，开展探究教育，引导学生认识齐文化形成与发展的悠久历史过程，领悟齐人创造的物质文化、制度文化和精神文化，探究齐文化的重要学说，发掘齐文化的历史价值和现实意义，弘扬和光大齐文化。

基于上述编写的指导思想与编写思路，本书在编写过程中与时俱进，注重齐文化教育与践行社会主义核心价值观相结合，齐文化教育与时代精神相结合，课堂学习与实践教育相结合，学校教育、家庭教育与社会教育相结合。

正如经济领域有第一产业、第二产业、第三产业一样，教育领域也有第一课堂、第二课堂、第三课堂。本书的编写意在为中小学生的第三课堂提供一套系统化的齐文化"课程"。从小学一年级到高中三年级共计十二册，学生经过十二年的序列化学习，逐步深入了解齐文化、继承齐文化，并创新性地发展齐文化。青少年学生通过亲近、感知、理解、探究齐文化，以此弘扬爱国主义精神，培养家国情怀，提升文化自信力，为实现中华民族伟大复兴的中国梦奋然前行。

《中华传统文化——走进齐文化》编委会

2023年2月

目　录

第一单元　诗歌欣赏

第1课　咏邹忌·田忌 …………………………（1）

第2课　赞火牛阵 …………………………………（4）

第3课　赐房玄龄 …………………………………（7）

第二单元　典故传说

第4课　讳疾忌医 …………………………………（10）

第5课　洛阳纸贵 …………………………………（14）

第6课　得意洋洋 …………………………………（17）

第7课　炉姑的传说 ………………………………（20）

第三单元　名人风采

第8课　田穰苴 ……………………………………（23）

第9课　孙武 ………………………………………（26）

第10课　孙膑 ……………………………………（29）

第11课　甘德 ……………………………………（33）

第12课　扁鹊 ……………………………………（35）

第13课　淳于意 …………………………………（38）

探究课　与临淄名人对话 …………………………（41）

第四单元　经典名著

第14课　管子 ……………………………………（43）

第15课　晏子春秋 ………………………………（46）

1

中华传统文化

第五单元　齐风遗韵

第16课　后李文化遗址 …………………………（49）

第17课　桐林（田旺）文化遗址 …………………（52）

第18课　临淄齐国故城遗址 ………………………（55）

第19课　田齐王陵 …………………………………（58）

第六单元　城台寻踪

第20课　营丘故城 …………………………………（60）

第21课　齐都临淄故城 ……………………………（63）

第22课　安平故城 …………………………………（66）

探究课　寻访临淄城 ………………………………（68）

第七单元　古冢传奇

第23课　太公衣冠冢 ………………………………（70）

第24课　管仲墓 ……………………………………（72）

第25课　晏婴墓 ……………………………………（75）

第26课　田单墓 ……………………………………（77）

第八单元　文物撷英

第27课　大铜盂 ……………………………………（79）

第28课　人形足敦 …………………………………（81）

第29课　青铜錍 ……………………………………（84）

第30课　仲姞豆 ……………………………………（86）

走进齐文化 三

第一单元　　诗歌欣赏

古齐大地，物华天宝，人杰地灵。历朝历代咏齐诗歌数不胜数，吟诵这些诗歌，可以使我们了解古齐的历史，也可以让我们领略古齐的魅力。本单元选取了三首称赞古齐历史人物的古诗，让我们一起来欣赏吧！

　　咏邹忌·田忌

咏邹(zōu)忌(jì)·田忌

【宋】　王禹偁(chēng)

邹田二忌辅(fǔ)威王，文武相济(jì)定安邦。
国强民富立霸(bà)业，一代骄主天下扬。

邹忌与田忌辅佐齐威王

中华传统文化

注释：

《咏邹忌·田忌》中，诗人满怀激情颂扬相国邹忌与大将军田忌的文武之功，使得齐国成为七国中的强国。

骄主：有为的君主，这里指的是齐威王。

解析：

本诗选自《全宋诗》。作者是宋代著名文人王禹偁。本文歌颂了文臣邹忌和武将田忌辅佐齐威王使齐国成为七国中的强国的故事。

译文：

邹忌和田忌辅佐齐威王，一文一武互相配合使得国家安定团结，国家富有强盛，人民安居乐业，齐威王也成为一代有作为的君主。

读一读：

王禹偁（954—1001年），北宋诗人、散文家。字元之，济州巨野（今山东省巨野县）人。他是太平兴国八年的进士。

王禹偁是北宋诗文革新运动的先驱，他的诗大多是反映社会现实的，风格清新而且平易。他的词仅存一首，反映了作者积极用世的政治抱负，格调清新旷远。

走进齐文化 三

王禹偁像

王禹偁是宋代有名的诗人。课余时间,同学们可以通过电脑浏览或者到图书馆查阅有关王禹偁的故事。

诵一诵:

《咏邹忌·田忌》这首诗,气势宏伟,读起来朗朗上口。让我们再欣赏一下作者其他风格的诗吧!

春居杂兴·两株桃杏映篱斜

两株桃杏映篱斜,妆点商州副使家。
何事春风容不得?和莺吹折数枝花。

第2课　赞火牛阵

赞火牛阵

【明】　冯梦龙

火牛奇计古今无，毕竟机乘骑劫(jié)愚(yú)。

假使金台不易将，燕(yān)齐胜负竟如何？

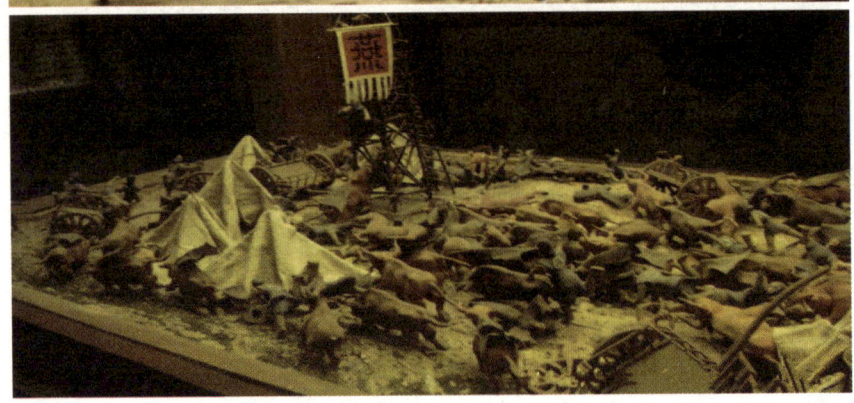

火牛阵

走进齐文化 三

注释：

骑劫(jié)：战国时期燕国将领，代乐毅(yì)伐(fá)齐失败后，死于火牛阵。

金台：燕国有黄金台，这里是简称。

解析：

本诗选自《东周列国志》。作者是明代文学家冯梦龙。本文讲述了齐国运用"火牛阵"的战术完胜燕国的故事。

译文：

火牛阵这样的计谋从古到今没有出现过，胜利的原因也是因为燕国将领骑劫的大意和轻敌。如果燕国不换掉大将军，燕国和齐国不知道又是谁胜谁负呢？

读一读：

战国时期，有七个诸侯国实力最强，分别是齐国、楚国、燕国、韩国、赵国、魏国、秦国。这七个国家被史学家称作"战国七雄"。

中华传统文化

 拓展活动

看一看：

同学们，网上有"田单火牛阵"的视频或动画。同学们可以找出来看一看！

查一查：

> 火牛阵是齐国名将田单发明的战术。在历史上，除了火牛阵，还有火鸡阵、猴子阵、山羊阵等。感兴趣的同学，可以查阅一下，并利用课余时间讲给同学们听。

走进齐文化 三

第3课　赐房玄龄

赐(cì)房玄(xuán)龄

【唐】 李世民

太液(yè)仙丹迥(jiǒng)，西园隐上才。
未晓征车度，鸡鸣关早开。

房玄龄像

注释：

西园，上林苑(yuàn)别称。隋(suí)唐称上林署(shǔ)，为管理园囿(yòu)、池沼(zhǎo)、种植、蔬果诸(zhū)事的机构。

迥：远。

解析：

本文选自《全唐诗》，作者是一代唐朝君主李世民。此诗的主旨是颂扬、勉励房玄龄为国求贤。

译文：

房玄龄距离"太液"这些游乐的地方很远，他在上林苑忙于为朝廷引荐人才。天还没有亮，城门就早已为不远千里而来的英雄豪杰们打开。而像房玄龄这样贤明的宰相，早已在"西园"忙着迎接他们呢！

李世民像

走进齐文化 三

读一读：

房玄龄是齐州人临淄（今临淄区齐都镇南马村）人。他是唐朝的开国功臣，贞观年间的著名宰相。

找一找：

小朋友们，诗中"鸡鸣关早开"与"鸡鸣狗盗"成语有关。课后，小朋友们找到"鸡鸣狗盗"这则成语，与爸爸妈妈一块读一读吧！

中华传统文化

第二单元　　典故传说

临淄是齐文化的发祥地，作为齐国都城长达800余年。临淄悠久的历史不仅留下了丰厚的文化遗存，也流传了许多脍(kuài)炙(zhì)人口的成语典故和传说。临淄成语典故和传说源于齐文化，是齐文化中的一朵奇葩(pā)。学习了解齐国成语典故和传说，不仅可以提高我们的语言能力，还可以加深我们对齐文化的了解和热爱，更可以丰富、增长我们的历史文化知识。

第4课　　讳疾忌医

有一次，扁鹊去拜见齐桓侯田午说："大王，您有病了。病在皮肤里，如果不及时治疗，恐怕就要恶化。"齐桓侯不信，冷冷地说："我没有病。"

扁鹊走后，齐桓侯很不满意地说："做医生的总喜欢给没有病的人治病，以显示他医术的高明。"过了五天，扁鹊又拜见齐桓侯，很郑重地说："大王，您的病进入到血脉了，若不赶快治疗，就要有危险了！"齐桓侯还是不信。

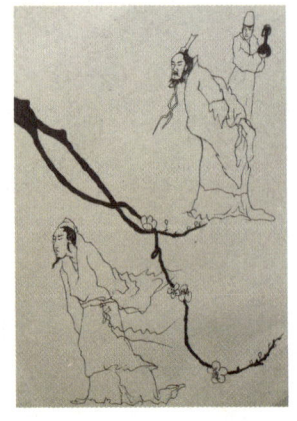

走进齐文化 三

又过了五天,扁鹊再去见齐桓侯,不由大吃一惊,叫道:"糟糕,您的病已经深入到肠胃了,若再不治疗,就没救了!"齐桓侯气得连理也不理他。扁鹊见齐桓侯这样,就悄悄地走开了。

又过了五天,扁鹊抱着一线希望再次来见齐桓侯,只"唉"了一声,转身就走。齐桓侯觉得奇怪,便派人去向扁鹊打听缘故。

扁鹊解释道:"病在皮肤是容易治的,用热敷(fū)就能治好。病在血脉,用针灸(jiǔ)的办法就能治好。病到了肠胃的时候,吃汤药还有治好的希望。病入骨髓(suǐ)以后,就什么办法也没有了。现在齐桓侯的病已经到了骨髓里了。"

又待了五天,齐桓侯果然病倒了,病势十分严重。这时,齐桓侯才彻底明白扁鹊说的是真的,便急忙派人去请扁鹊,可是扁鹊早已不见人影了。不久,齐桓侯就病死了。

中华传统文化

 日积月累

讳(huì)疾(jí)忌医：讳，避忌；忌，怕，畏惧。隐瞒疾病，不愿医治。因有顾忌而躲开某些事或不说某些话。

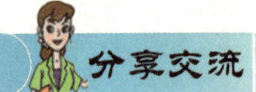 分享交流

1.小朋友们，"讳疾忌医"成语故事中讲到了哪些人物？请和同学们交流交流吧！

2.小朋友们，你还知道扁鹊的哪些故事？和同学们交流一下吧！

 知识链接

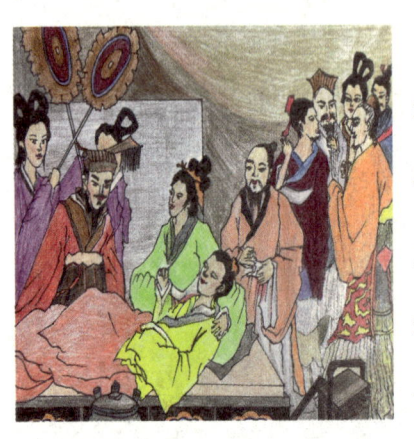

有一次，扁鹊和弟子子阳、子豹等人路过虢(guó)国，虢太子恰好患病，病得很厉害，人们都以为他死了。为此，全国正举行大规模的祈祷活动，把国家大事都放到一边。扁鹊得知后，前去为虢太子治病。扁鹊告诉国君，太子患的是"尸厥(jué)"。于是，扁鹊叫弟子子阳磨制针石，在太子头顶中央凹陷处的百汇穴扎了一针。过了一会儿，太子苏醒了。接着，扁鹊又叫弟子子豹在太子两肋下做药熨(yùn)疗法。不久，太子就能坐起来了。又服了二十天的汤药，虢太子就

走进齐文化 三

完全恢复了健康。从此以后，天下人就知道了扁鹊有"起死回生"之术。

拓展活动

讲一讲： 小朋友们，回家后把今天学到的成语故事讲给爸爸妈妈听吧！

演一演： 小朋友们，课余时间找几个小朋友凑到一起，把"讳疾忌医"这个成语故事演一演吧！

中华传统文化

第5课　　洛阳纸贵

左思小时候脑子比较迟钝(dùn)。父亲教他写字和弹琴,他都没有学成。父亲生气地指着左思,对他的朋友说:"我这个儿子什么都学不成,太笨了!"左思听了很难过,从此暗下决心,一定要学出个样子来。

洛阳、成都和建业三个都城十分繁荣。左思决定创作一部描写三个都城及三国概况的著作,定名为"三都赋"。他在家里的门窗上、墙上,甚至厕所里都放了纸和笔,每想到一句,便立即记下来。

当时,文学家陆机听说名不经传的左思准备写《三都赋》,嘲笑他自不量力。但是,左思仍然坚持构思和写作。经过十年的努力,终于完成了《三都赋》的创作。

走进齐文化 三

《三都赋》完成以后,起初并没有得到好评。后来,左思带着自己的作品去拜访黄甫谧(mì)。皇甫谧看了文稿后大加赞赏,欣然提笔给《三都赋》写了序言,又请有名的诗人给《三都赋》做了注解。

在众多名人的举荐下,《三都赋》很快

风靡(mǐ)洛阳城,人们对它称赞不已,竞相传阅。文人和富豪们都争着买纸来抄写阅读,不久就把洛阳城里的纸都买光了,纸价因此暴涨,纸张供不应求。

日积月累

洛阳纸贵:原指洛阳之纸,一时求大于供,货缺而贵。比喻著作有价值,流传广。

【出自】:《晋书·文苑(yuàn)传·左思》:"于是豪贵之家竞相传写,洛阳为之纸贵。初,陆机入洛,欲为此赋,闻思作之,抚掌而笑,与弟云书:'此间有伧(cāng)父,欲作《三都赋》,须其成,当以覆(fù)酒瓮(wèng)耳。'及思赋出,机绝叹伏,以为不能加页,遂辍(chuò)笔焉(yān)。"

中华传统文化

 分享交流

1. 你知道洛阳、成都和建业在三国时期分别是哪三个国家的都城吗?
2. 小朋友们,你认为左思是个什么样的人?和同学交流交流吧!

 知识链接

左思,字泰冲,约生于 250 年,卒于 306 年。临淄人,西晋著名文学家。《齐都赋》是左思青年时代的处女作,据说写了一年才完成,描写了齐都的经济繁华、文化昌盛。272 年,左思全家迁居洛阳。左思呕(ǒu)心沥(lì)血,历经十年完成了上万字的长篇大赋《三都赋》。

 拓展活动

写一写:

对写作感兴趣的小朋友,自己也试着写一篇赞美家乡的文章,读给自己的爸爸妈妈听。

读一读:

喜欢成语故事的小朋友,课余时间读一读《齐都成语》这本书,你可以了解到更多的有关齐国的成语故事。

走进齐文化 三

第6课　得意洋洋

有一天，齐国的相国晏婴坐着马车外出办事，恰好路过他车夫家的门口。车夫的妻子从门缝里偷偷观察自己的丈夫，只见丈夫坐在大伞下面，神气十足地挥舞着马鞭子，一副得意洋洋的神情，晏婴却满脸平静地坐在车上。

车夫回到家里，他的妻子说："我不想跟你一起生活了，我们分开吧！"车夫惊疑地问："为什么？"车夫的妻子说："你同晏相国外出时，晏相国身为国家重臣，有那么大的本事，那么高的声望，态度却那么谦虚平和；而你呢，虽然身高八尺，却一副沾沾自喜的样子，一点谦虚和上进的态度也没有。"车夫听了很惭愧。

从此以后，车夫变得谦虚谨慎起来。晏婴感到非常奇怪，向车夫询问原因，车夫将自己妻子如何观察他的行踪及如何规劝他的事如实相告。后来，车夫处处以晏婴为榜样，虚心好学，掌握了很多知识和道理，晏婴就推荐他做了大夫。

中华传统文化

得意洋洋：这则成语源于《史记·管晏列传》："晏子为齐相，出，其御(yù)之妻从门间而窥(kuī)其夫。其夫为相御，拥大盖，策驷(sì)马，意气扬扬，甚自得也。"后人从"意气扬扬，甚自得也"归结出"得意洋洋"的成语。比喻人们看不见自己的短处，目光短浅，没有远大抱负，以自己并不突出的优势而高人一等，而忘乎所以，目中无人。

晏子出行汉画像石

1. 小朋友们，晏婴在你眼中是一个什么样的人？和同学交流交流吧！

2. 小朋友们，你还知道哪些有关晏婴的故事，给讲同学们听听吧！

老妇借火

据《汉书》载，从前，齐国有户人家，婆婆清晨起来，发现厨房里的一块肉都没有了，就怀疑是儿媳偷吃了。于是，把儿媳大骂一顿，赶出门外。儿媳哭哭啼啼，要回娘家。这事被邻居的老妇听到看到了。邻居老妇就偷偷地对要回娘家的媳妇说:"你走得慢一点,我马上就让你婆婆追你回来。"嘱咐完邻居媳妇,老妇返回家拿了一根掏火棍,去了丢肉的邻居家,说:"灶里的火还着吗?我掏把火。"丢肉家的婆婆问:"掏火做饭吗?"老妇说:"不是。这不昨晚一群狗打架,原来是为争夺一块肉。结果被咬死了一只狗,我是来掏火煮狗肉的。等会煮熟了你也过去吃。"老妇掏火走了以后,丢肉家的婆婆知道自家的肉原来是被邻居的狗叼走的,冤枉了儿媳妇,就赶忙去追回了儿媳妇,还对儿媳妇赔了不是。

《得意洋洋》和《老妇借火》两个故事从不同侧面赞扬了齐国女性,在齐国历史上,这样的故事很多,请同学们欣赏下一个故事:

孝妇庶女

据《晏子春秋》记载,庶女是齐国的一个平民寡妇。她结婚不久,丈夫就死了,膝下没有儿女。她为了照顾赡养有病的婆婆,终身没有改嫁。她有个小姑想贪占母家财产,逼其嫂改嫁,嫂子不答应。小姑就毒死了自己母亲,陷害嫂子,诬告毒死母亲的事情是嫂子干的。嫂子有冤又说不明白,就仰天痛哭,诉说自己的清白,这时乌云密布、雷电交加,雷击了齐景公的宫殿,还伤及了景公的身体。东海潮水暴涨,为孝妇鸣不平。这是晏婴借自然现象与人事的巧合,来劝告国君要倡导孝敬,劝诫人们要孝顺父母。

中华传统文化

第7课　炉姑的传说

相传，战国时期，有一个技术高超的铁匠，叫李冶(yě)子，住在临淄铁山附近一个叫冶里的村庄里。李冶子有一个女儿，名叫李娥，自小聪慧过人。

一年春天，铁山附近来了一头铁牛糟蹋(tà)庄稼。不出一月时间，铁山一带方圆百里的麦苗全被铁牛啃光了。老百姓叫苦连天，联合起来惩(chěng)罚铁牛。可是，人们使尽各种办法，都无济于事。消息传到齐王那里。齐王命令李冶子筑起大窑(yáo)烧化铁牛。

炉姑塑像

大窑筑好了，令人意想不到的是，熊熊大火连续烧了七七四十九天，那铁牛还是安然无恙(yàng)。齐王勃(bó)然大怒，限期三天烧化铁牛，否则就要砍掉李冶子及工匠们的头。

这年李娥十四岁，自从人们开始火化铁牛，她便一直忙活在铁炉旁。到了

炉神姑庙

走进齐文化 三

第三天，她守在炉旁，心思暗想，倘若铁牛化不了，往后人们的日子可怎么过呀！她越想越伤心，眼泪顺着面颊(jiá)滴到了炉里。不一会儿，只见铁牛的眼睛被烧红了。她好生欢喜，摘下头巾扔进炉里，铁牛的头顶被烧红了；她又脱下鞋子扔进炉里，铁牛精的四蹄立刻烧红了；姑娘顾不得害羞，又脱掉了衣服，扔进了炉里，很快铁牛的全身都被烧红了。大伙一见，都高兴极了！可是烧了老半天，那铁牛还是老样子，光红不化。这是为什么？李娥苦思冥(míng)想：莫非是要我搭上一条命才能毁掉铁牛吗？如果这样能让老百姓过上安稳日子，我心甘情愿。想到这，李娥纵身跳进了火炉里，铁牛立刻化为了铁水。

"李娥啊！李娥！你慢去。"人们齐声呼喊，长跪不起，天上乌云密布，电闪雷鸣，一时间大雨倾盆，被铁牛啃过的麦苗又发出了新芽。为了纪念李娥，人们为她建了庙宇，称为"炉姑庙"，让她世代享受香火。

知识链接

索镇西镇村有一座炉姑园。炉姑园是淄博市重点文物保护单位；炉姑传说是山东省非物质文化遗产。炉姑的传说这一非物质文化遗产的社会价值、文化价值主要在于传承了"孝女"文化。

中华传统文化

拓展活动

背一背：

明代四君子之一、后任云南布政使的徐准曾为炉姑祠题过一副对联，请同学们背一背。

孝国孝家孝父母子子孙孙

爱贤爱才爱人民永永远远

走一走：

节假日，同学们可以在父母的陪伴下到炉姑园走一走、转一转。

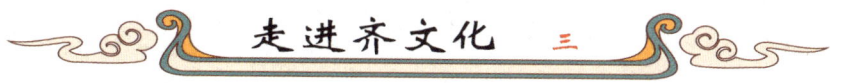

第三单元　　名人风采

> 齐国,是两周时期最重视人才、人才最多的国度。尤其是战国时期的稷(jì)下学宫,更是名人贤(xián)士向往的乐土和圣地。春秋、战国、秦汉时期,齐地涌现出了一大批兵学家、天文学家和医学家。他们不论在当时,还是对后世都产生了深刻的影响。

第8课　田穰苴

田穰苴塑像

　　田穰苴是春秋时期著名的军事家,齐国兵家的代表人物。他出身低贱,在晏婴的举荐下,率领齐国军队对击退了晋国、燕国军队的入侵,因功被齐国孤军齐景公封为大司马,世人称他为司马穰苴。他的军事思想被战国时期的齐威王命人整理成《司马穰苴兵法》一书,与古代《司马法》编辑在一起,合称《司马法》。司马迁在《史记》里称赞《司马法》:"闳廓深远,虽三代征伐,未能竟其义。"也就是说,《司马法》的内容宏大广博,即使是夏、商、周三代的征战战例,也不能

中华传统文化

穷尽它的义理。

田穰苴治军，执法严明，恩威并用。他爱兵如子，平易近人，身先士卒，深得将士的爱戴和拥护。田穰苴做人刚直不阿(ē)、正直无私，从不献媚逢迎，遭到大夫们的妒恨。一些大夫便常向齐景公说田穰苴的坏话。齐景公听信谗言，罢免了田穰苴。田穰苴因无辜(gū)被免职，心情郁闷，一病不起，不久就去世了。

《司马法》经典语句：

《司马法·天子之义》：以礼为固，以仁为胜，既胜之后，其教可复，是以君子贵之也。意思是：以礼制为规范，军队就能巩固，用仁爱为宗旨，就能战胜敌人。用这种方法，取胜以后，还可以反复运用，因而贤德的人都很重视这种方法。

《司马法·严位》：人方有性，性州异，教成俗，俗州异，道化俗。意思是各地的人各有其性格，性格随各州而不同。教化可以形成习俗，习俗也是各州不同，通过道德的教化就能统一习俗。

故事链接

齐景公时，景公命田穰苴率军抗击晋燕联军，派自己的宠臣庄贾作监军。田穰苴与庄贾约定第二天中午在军营相会。第二天，穰苴提前到军中

走进齐文化 三

等待庄贾。等到中午,庄贾还没来,便入营行使职权,整顿军队,宣布军令。直到黄昏,庄贾才醉熏熏地来到,推说亲友设宴饯行,来迟了。穰苴怒斥庄贾恋小家而不以国事为重。叫来军法官问道:"按军法,误了时间,该如何处理?"军法官说:"该斩!"庄贾听后很害怕,忙叫手下人回报景公救他。没等派去的人回来,穰苴已将庄贾斩首示众。此时,齐景公派来的使者匆忙闯入军营,命令赦免庄贾。穰苴断然拒绝。又问军法官:"直闯军营的,该怎么处理?"军法官说:"该斩。"穰苴说:"君主的使者不能杀。"于是穰苴杀了使者的随从和驾车的左马,以惩罚他擅闯军营的罪过。让使者回去报告齐景公,然后率军出发。

田穰苴斩庄贾

这样一来,军纪大整,士兵士气高涨,很快打败了晋燕军队。

这个故事源于《史记·司马穰苴列传》。

拓展活动

齐文化经典系列剧《经典齐国》中有一篇《穰苴出师》。同学们可以仿照着演一演。

中华传统文化

第9课　孙武

孙武，字长卿，田氏后裔。是齐国乐安人，春秋时期著名的军事家、政治家。

在齐景公时，孙武看到当时齐国内部贵族之间互相争斗，颇感失望，便离开齐国，到吴国寻找发展机遇。

孙武到吴国后，伍子胥(xū)向吴王阖(hé)庐(lú)推荐了孙武。吴王读了孙武所著的十三篇兵法，观看了孙武斩姬(jī)练兵后，大为赞叹，便拜他为将军。

孙武曾率领吴国军队大举兴兵攻楚。吴军深入楚国，处境险恶，个个奋勇杀敌，与楚军大战三次，终于击败了楚军。楚军退到柏举，重新集结兵力，打算与吴军进行决战。柏举之战，孙武指挥数万吴兵，以少击众，五战五克，大破楚军二十万，最后攻下了楚国国都郢都。经此一战，楚国受到了立国以来最大的打击，吴国则声威大震。

孙武像

走进齐文化 三

孙武塑像

几年后，孙武和伍子胥又辅佐阖庐的儿子吴王夫差，大败越王勾践(jiàn)，使越王勾践不得不委屈求和。孙武帮助吴王夫差成就霸业后，就急流勇退，隐居不出了。

孙武不仅用兵如神，还写下了《孙子兵法》。《孙子兵法》十三篇，为后世兵法家所推崇，被誉为"兵学圣典"，被放到了《武经七书》之首。

《孙子兵法》经典名句：

《孙子兵法·谋攻篇》："上兵伐谋，其下伐交，其次伐兵，其下攻城。"意思是：上等的军事行动是用谋略挫败敌方的战略意图或战争行为，其次就是用外交战胜敌人，再次是用武力击败敌军，最下之策是攻打敌人的城池。

《孙子兵法·军争篇》："三军可夺气，将军可夺心。"意思是：军队的锐气可以使之衰懈，将帅的意志和决心也可以使之动摇。

中华传统文化

 **故事链接**

一天，吴王把孙武召来，请他操练宫女，以考察他的军事实践能力。孙武把吴王从宫中挑选来的 180 名宫女分为二队，指定吴王最宠爱的两位美姬为队长，然后向她们耐心讲解操练要领，并且申明军法。第一次操练，宫女们掩口而笑，谁也没有按号令行动。于是孙武先严肃地自我检讨，接着又把操练要领仔仔细细交代一遍，同时特别关照领队的两个队长要带头听令，领好队伍。然后，亲自擂鼓，指挥第二次操练。谁知宫女们还是你推我搡，挤作一团，弄得队伍大乱。孙武见状大怒，喝令军吏将两个队长，推出去斩首。吴王急忙派人拦阻，但孙武以"将在军，君命有所不受"的理由拒绝，坚持把两个领队的美姬杀了。然后另外指定两个队长，下令继续操演。众宫女这回不敢有半点怠慢，个个全神贯注，随着鼓点操练起来。不一会儿，便练得步法纯熟、动作整齐。吴王见孙武确有才能，便拜孙武为将军。

拓展活动

齐文化经典系列剧《经典齐国》中有一篇《孙武演兵》。同学们可以仿照着演一演。

走进齐文化 三

第10课　孙膑

孙膑(bìn)，字伯灵，是"孙武之后世子孙也"，生于"阿、鄄之间"，即今天阳谷、鄄城一带。是战国时期齐国著名的军事家。孙膑的军事思想被收入《孙膑兵法》一书。

孙膑曾与庞涓一起，拜鬼谷子为师，潜心学习兵法。庞涓下山后被魏惠(huì)王拜为大将。庞涓害怕孙膑比自己厉害，将孙膑骗到魏国，找理由让魏惠王将孙膑处以膑刑（古代挖去膝盖骨的一种刑罚）。到魏国出使的齐国使者，偷偷地将孙膑救回齐国，安置在田忌家中。在一次赛马时，孙膑用计让老是失败的田忌赢了齐威王。齐威王看到孙膑很有军事才能，便拜他为军师。

公元前354年，庞涓率魏军攻打赵国，直捣赵国都城邯(hán)郸(dān)。田忌采用孙膑围魏救赵之计，大败魏军，庞涓只好带领残兵败将逃回国内。

公元前341年，庞涓率领魏军攻打韩国都城。田忌采用孙膑计策，仍用十三年前"围魏救赵"之计，发兵直扑魏都大梁。庞涓不得不率

中华传统文化

大军回救大梁。孙膑又采用了"增兵减灶"之计迷惑庞涓。结果庞涓在马陵中了孙膑的埋伏，被齐军杀死。齐军乘胜迎击魏军的步兵，魏军步兵被打得溃(kuì)不成军，魏国太子申也成了齐军的俘虏。

马陵之战后，相国邹忌妒忌孙膑和田忌，他们只好一起逃亡楚国。

齐威王死后，齐宣王即位，孙膑又与田忌一起回到齐国，最后隐居至死。

知识链接

《孙膑兵法》之经典名句

天时，地利，人和，三者不得，虽胜有殃(yāng)。意思是：天时、地利、人和，这三个条件任何一个没有占优势，即使打了胜仗，自己也好不到哪里去。

威王问："令民素听，奈何？"孙子曰："素信。"意思是：威王问："怎样才能使得军兵听命？"孙膑答道："靠平时的威信。"

分享交流

孙膑和庞涓共同拜鬼谷子为师，共同学习兵法，下山后却成了死对头。请同学们想一想，他们为什么成了死对头？请同学们交流交流！

走进齐文化 三

故事链接

桂陵之战

公元前341年,庞涓率大军伐韩,直攻韩国都城(今河南新郑)。韩昭侯向齐国求援。齐威王采纳了孙膑的意见,为坐收渔人之利,答应一定出兵相救。韩国依仗齐国救援,就和魏国展开殊死的搏杀,结果韩军五战五败,魏军也损失惨重。此时,齐威王任命田忌为将,孙膑为军师,仍用十三年前围魏救赵之计,发兵直扑魏都大梁。庞涓不得不撤韩都之围,率大军回救大梁。孙膑又用了"增兵减灶"之计,令齐军在后撤的第一天用土垒十万灶做饭,第二天则减为五万灶,第三天减为三万灶。庞涓、太子申追赶齐军三日,见齐军由十万灶减为三万灶,庞涓自己则只率骑兵倍道兼行向齐军追击。孙膑估算庞涓在天黑时可至马陵,派万名弓弩手埋伏于马陵道两旁的山上,并将道旁一棵大树砍去树皮,写上"庞涓死此树下"六个大字,与弓弩手们约定,待树下有火光,即万箭齐发。日暮时,庞涓果然追至马陵道。他见道旁大树上面隐约写有字迹,心中疑惑,命人挑灯照看,尚未读完,埋伏在两侧的齐军已经万箭齐发,魏军中箭者

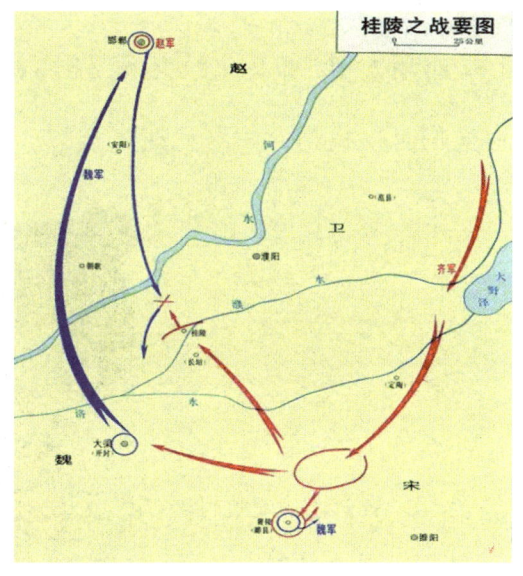

中华传统文化

不计其数，顿时乱成一团。庞涓仓促应战，最后被杀。齐军围歼庞涓之后，乘胜迎击魏太子申率领的步兵。太子申毫无防备，被齐兵打得溃不成军，太子申也被齐兵俘虏。

拓展活动

小朋友们，齐文化经典系列剧《齐国经典》这本书中，有《围魏救赵》。同学们可以找到，一块儿演一演！

走进齐文化 三

第11课　甘德

甘德，大约生活在公元前4世纪中期，战国时期齐国人。战国时期齐国天文学家，中国天文学的先驱之一。历史上将甘德与石申并提，将二人的著作合称为《甘石星经》。《甘石星经》，是世界上最早的天文学著作之一。

甘德在恒星的观测和研究方面做出了划时代的贡献，他建立了全天恒星区划命名系统。其方法是：依次给出某星官的名称与星数，再指出该星官与另一星官的相对位置，从而对全天恒星的分布、位置等予以定性的描述。甘德所制作的恒星表，是世界上最古老的恒星表之一。

甘德对行星运动的研究也取得了惊人的成就。甘德是研究木星的专家，著有关于木星的专著《岁星经》。甘德在公元前4世纪中叶，就观测到了木星最亮的卫星木卫二，成为世界上木卫二的最早发现者。在没有望远镜的条件，仅凭肉眼就发现了木卫二，真是一个奇迹。

甘德的天文学贡献，在战国时代无疑是最大的，称他为中国天文学的先驱，名副其实。

中华传统文化

知识链接

1. 三国时期，陈卓总结甘德、石申夫和巫咸三家星，得到我国古代经典的283星官1464星的星官系统，其中取用甘氏星官者118座、506星，可见甘德对全天恒星区划命名的工作对后世产生了很大的影响。

2. 甘德对行星的研究发现了火星和金星的逆行现象，还提出了行星会合周期（连续两个早晨星现东方的时间间隔）概念，测得木星的会合周期为400天整，仅比实际数值差1.12天；测得金星的会合周期为587.25日，仅比实际差两天多一点；测得水星的会合周期是136日，比实际数值误差了21日，这些观测为后世的行星研究开辟了道路。

3. 欧洲人对于木卫二的发现，是在17世纪初望远镜发明之后，由意大利科学家伽利略于1610年完成的。甘德早伽利略近两千年，而且在没有望远镜的条件，仅凭肉眼就发现了木卫二，这真是一个奇迹。

分享交流

1. 我国有许多著名的天文学家，把你知道的和同学们交流交流。
2. 说一说你知道的有关恒星、行星的知识。

拓展活动

查一查：课后，请同学们查一查有关恒星、行星、卫星等天文学方面的知识。有条件的同学，可以到当地的天文馆看一看。

走进齐文化 三

第12课　扁鹊

扁鹊，姓秦，名越人，战国时期齐国人。

扁鹊年轻时拜长桑君为师，学习医术。学成之后，扁鹊便周游列国，为民解除痛苦。由于扁鹊医道高明，为百姓治好了许多疾病，所以人们称他为"扁鹊"。

扁鹊曾劝身患(huàn)重病的齐桓侯田午抓紧治病，但田午认为自己没有病，没有按照扁鹊说的去做，最终命丧黄泉。

扁鹊像

扁鹊曾预言：昏迷了五天的晋国大夫赵简子两天半后苏醒病好，结果不出所料。扁鹊还曾运用针灸(jiǔ)、熨石、汤液等多种疗法，使虢国太子起死回生。后来，扁鹊到了秦国，深得秦国百姓的崇敬和信赖。秦国太医李醯(xī)自知医术不如扁鹊，便派人把扁鹊杀死了。

扁鹊在总结前人医疗经验的基础上，创造总结出望(看气色)、闻(听声音)、问(问病情)、切(按脉搏)的诊断疾病的方法。他能用针、石、熨等简单的医具治疗疾病。他精通内、妇、儿、五官各科。

扁鹊是齐医学派的创始人、中国传统医学的鼻祖，对中医药学的发展有着特殊的贡献。

中华传统文化

扁鹊针灸图（汉画像）

知识链接

扁鹊在医学上的成就主要有六：第一，扁鹊开创了医学教育的先河。第二，扁鹊提出了"六不治"原则，把"信巫不信医"作为不治之一。第三，扁鹊行医善于"随俗而变"。第四，扁鹊唯一留传下来的著作是《难经》。第五，扁鹊创立了中医临床上的"望、闻、问、切"四诊法。第六，扁鹊还提出了防病为主的主张。他认为，防病重于治病。

故事链接

扁鹊兄弟三个，都是名医。一次，魏文侯问扁鹊说："先生兄弟三人，其中谁的医术最好？"扁鹊回答说："大哥最好，二哥次之，数我扁鹊的医术最差。"魏文侯又问："先生能说的更详细一点吗？"扁鹊说："大哥治病是观察患者的神情，在病症尚未表现于外形时就设法解除，所以，他的名声不曾超出本家族以外。二哥治病是在病情刚刚萌发、极其轻微的时候设法解除，所以，他的名声不曾超出本乡。像我扁鹊这样的水平，只会刺患者的血脉，给病人吃有毒的药物，破开病人的肌肉皮肤，然而名声却超出诸侯的国界。"魏文侯说："你说的好呀！""扁鹊论医术"告诉我们，事后控制不如事中控制，事中控制不如事前控制。治病是这个道理，做其他事也同样是这个道理。平时我们工作中时常犯重视结果而不重视过程的毛病。殊不知，过程才是结果的必然。做一件事情或一份工作，过程是最关键的，如果每做一步都能按照程序办，踏踏实实，那么结果必然能达到预期的目的；反之则不然。

分享交流

李醯看到扁鹊医术很高，自己比不上他，就派人把他杀死了。请你想一想：李醯这样做，对不对？如果你是李醯，你该怎样做？

拓展活动

查一查：

除了扁鹊以外，我国历史上还有很多医生被称为神医。请你查一查，列举另外两名神医的名字。

讲一讲：

民间有很多关于神医扁鹊的故事。请同学们上网搜一搜，到图书室查一查。找到之后读一读，并试着讲一讲。

第13课　淳于意

淳(chún)于意（约公元前215至公元前140年），是西汉时期临淄人。与张仲景、华佗并称汉代三大医学家。他品行高尚，医术精湛，进一步发展了扁鹊的脉诊学，对针灸(jiǔ)、药理也有很高的造诣(yì)，是齐派医学的代表人物。因他曾在齐都临淄担任过管理粮仓的太仓长，所以，人们叫他"太仓公"或"仓公"。

淳于意家境贫寒，少时就爱好医学。为进一步学习医术，他先拜淄川的名医公孙光当老师。公孙光非常喜欢谦虚好学的淳于意，就把自己的医术、妙方全部传授给了他。不久，公孙光又把淳于意推荐(jiàn)给了公乘阳庆。公乘阳庆非常喜欢淳于意的质朴上进，就把自己所藏的所有秘籍(jí)、古方一一传给他。学成后的第二年，淳于意开始挂牌行医，三年后终于成为著名的医生。

淳于意因为医术精湛(zhàn)，很快闻名全国。当时的赵王、吴王、济南王先后请他做专门侍(shì)候(hou)帝王的医生。淳于意不愿意依附

走进齐文化 三

权贵,都坚决地拒绝了。他游行乡里,不辞辛苦地为老百姓解除疾苦,对有权势的人家却态度冷淡,因此引起了权贵们对他的怨(yuàn)恨。

后来,淳于意被判肉刑,因小女儿缇(tí)萦(yíng)上书汉文帝才幸免于难。

淳于意在医学上的最大贡献,是首创中国乃至世界医学史上第一部医案——《诊籍(jí)》。在长期的行医实践中,他将患者的籍贯、姓名、职业、病名、病因、病性、诊断、治疗和愈后的情况都一一记录下来,最后把这些病历装订成册,起名叫"诊籍"。淳于意的《诊籍》既反映了他高超全面的医技,又给我们留下了各科最早的病例,有着重要的研究意义。

知识链接

淳于意墓位于今辛店街道办事处东夏庄西南约250米处。墓高10米左右,周长百余米。淳于意,汉代著名医学家。他创立的《诊籍》如实地记录了他诊治疾病的成败经验,是中国医学史上的第一部医案。

中华传统文化

分享交流

读了"淳于意"的故事,你觉得他是一个怎样的人?请同学们想一想,说一说。

拓展活动

淳于意《诊籍》中有关于公乘项处蹴(cù)鞠(jū)而亡的记载。齐文化经典系列剧《经典齐国》把它改编成了《蹴鞠之光》。同学们可以仿照着演一演。

走进齐文化 三

探究课　与临淄名人对话

临淄，作为"春秋五霸之首，战国七雄之冠"的齐国都城长达800余年。在这方热土上，姜太公、管仲、孙武等一大批历史名人在这里建功立业。临淄名人都有谁？他们有什么事迹？我们要向他们学习什么？本课就是围绕这些问题进行探究的。

活动内容：

以临淄历史名人为探究对象，从他们的事迹、我们向他们学习什么等方面进行探究，了解、感受临淄历史名人的伟大。

活动目的：

1. 知道部分临淄历史名人的名字。

2. 了解部分临淄历史名人的事迹。

3. 初步感受临淄历史名人的伟大。

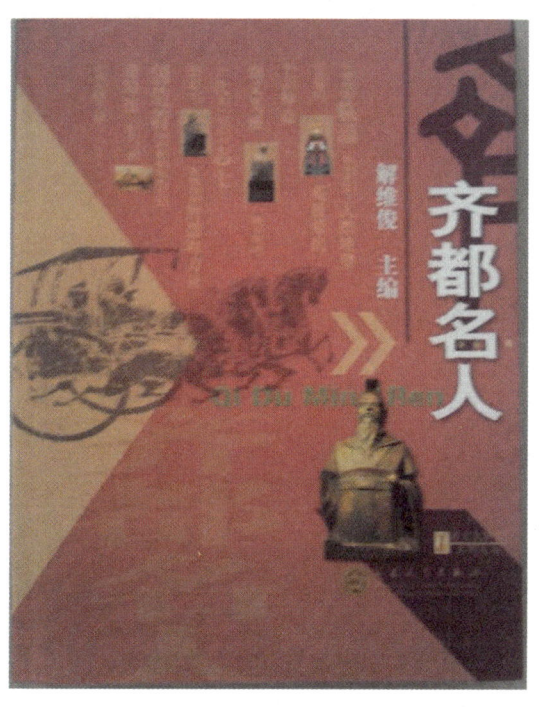

《齐国名人》封面

中华传统文化

活动准备：

　　1.通过阅读介绍临淄历史名人的书籍或上网查阅资料，了解有关临淄历史名人的知识。

　　2.通过访问家人和身边的人，了解他们知道的临淄历史名人的知识。

　　3.准备用手抄报、卡片、讲故事、演讲等各种形式讲述自己知道的临淄历史名人的事迹或故事。

活动步骤：

　　1.向同学们介绍自己知道的临淄历史名人的名字，看谁说得多。

　　2.采用不同形式向同学们交流临淄历史名人的事迹或故事。

　　3.选一个你感兴趣的临淄历史名人，和同学一块儿演一演他的事迹或故事。

活动延伸：

　　通过本单元和本节探究课，同学们了解了不少临淄历史名人的故事或事迹。当你碰到到临淄旅游的游客时，当你到外地游玩时，可以向人们介绍一下他们的事迹。

走进齐文化 三

第四单元　　经典名著

在齐国故都临淄这片神奇的土地上,一代代仁人志士、豪杰英才用他们的智慧和力量,创造了灿烂辉煌的齐文化,谱写了一曲又一曲华丽的篇章,为中华民族留下了取之不尽、用之不竭的精神财富。这一单元,让我们一块儿走进古齐国的经典名著,体会一下它的博大与精深吧!

第14课　《管子》

《管子》

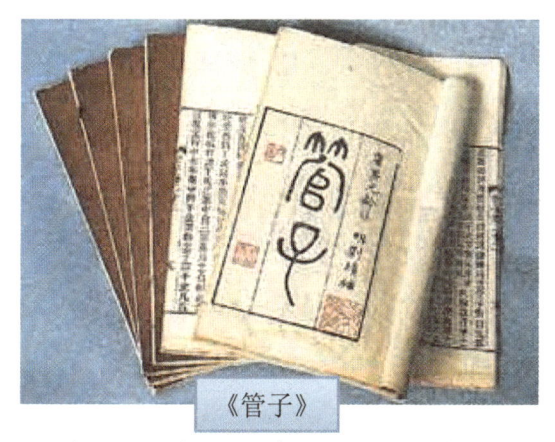

《管子》是古齐国的经典巨著,是管仲学派的学者们世代相传、累积成籍(jí)的成果。《管子》既有管仲思想的记录和发挥,又有不同时期的发展和运用,是一部安邦理民、富国强兵、平治天下的经世致用之百科全书。

《管子》内涵丰富,内容博大精深,包括法家、儒(rú)家、道家、阴阳家、名家、兵家、农家的观点,涉及经济、政治、军事、哲学、管理、教育、科技、民俗等诸多领域,集中反映了齐文化务实、变革、开放、兼容的特色和精神风貌,体现了以管仲为代表的一批齐国先哲的智慧。《管子》现存七十六篇，其中三分之二的篇幅是关于经济问题的论述。

《管子》在保存我国史料方面做出了很大贡献，具有很高的史学价值，是研究我国古代，特别是先秦学术文化思想的重要典籍。

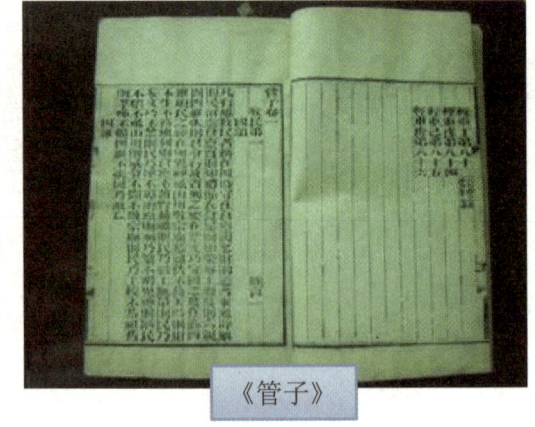

《管子》

知识链接

我们今天见到的《管子》，是西汉刘向编定的。当时定为八十六篇，后佚失十篇，现只有七十六篇，内容分八类：《经言》九篇，《外言》八篇，《内言》七篇，《短语》十七篇，《区言》五篇，《杂篇》十篇，《管子解》四篇，《管子轻重》十六篇。其思想内容主要包括经济思想、政治思想、军事思想、哲学思想、与科技思想五个方面。

日积月累

读一读：

管仲在《管子》里提出"水是万物之本"，早于古希腊哲学家泰勒斯，是世界上第一个提出水是世界本原的唯物主义哲学本体论者。

走进齐文化 三

背一背：

1. 夫霸王之所始也，以人为本，本治则国固，本乱则国危。

——《管子·霸言》

2. 政之所兴，在顺民心；政之所废，在逆民心。

——《管子·牧民》

3. 凡治国之道，必先富民。民富则易治也，民贫则难治。

——《管子·治国》

拓展活动

小朋友们，有时间和爸爸妈妈到管仲纪念馆去看一看吧！在游览的过程中，你可以把"日积月累"中的句子背给别人听。

管仲纪念馆

中华传统文化

第15课　《晏子春秋》

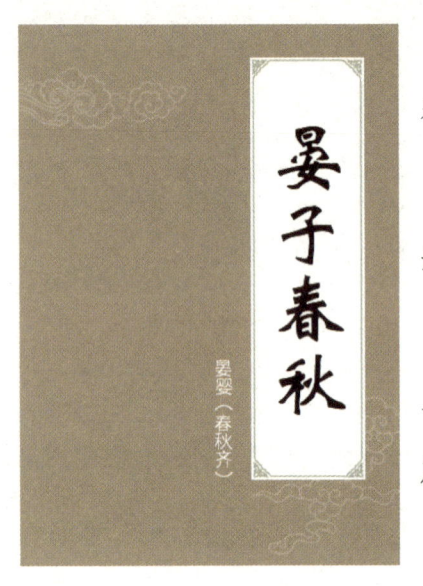

《晏子春秋》是一部记载(zǎi)我国春秋时期齐国名相晏婴言行的书。

《晏子春秋》成书于战国时期，全书共8篇，后为刘向校编。除《内篇》6篇（《谏上》《谏下》《问上》《问下》《杂上》《杂下》）外，尚有《外篇》2篇，8篇内容几乎全部记述了晏子的立身行事。

《晏子春秋》全书包括188个小故事，长者五六百字，短者仅三十余字。各篇相互关联、补充，塑造了具有超人智慧、机敏辩才和非凡技能等鲜明性格特征的艺术形象——晏婴。

《晏子春秋》中的"晏婴"，已经不是真实历史中的晏婴。书中所塑(sù)造的"晏婴"，他的政治思想和美德对后世影响深远。直到今天，他勤政爱民的形象仍是我们学习的榜样。

《晏子春秋》在中国文学史上具有较高的文学价值。

《晏子春秋》

走进齐文化 三

故事链接

晏子使楚

春秋时期，齐国宰相晏子到楚国出使，因晏子个子矮小，楚王想戏弄他，就让人在城门的旁边开了个小门引晏子进入。晏子不进，说："我听说，大门是供人行走的，小门是让狗出入的。出使到狗国，才从狗门进入；今天我出使来到楚国，不应当从这小门进入。"这样，引导宾客的官员只好改道，领着他从大门进入。拜见楚王时，楚王又戏弄说："齐国难道没有人了吗？"晏子回答说："临淄城有七万多家，人人伸开衣袖就成了阴凉棚，每人挥一把汗，全城就象下雨一样，行人肩并肩，脚挨脚，怎么说没人呢？"楚王说："既然这样，为什么派你出使楚国呢？"晏子回答："齐国任命使臣，各类人都有应去的主儿，那些有贤德有才能的被派遣到有贤德有才能的国君那里做使臣，无德无才的被派遣到无德无才的国君那里做使臣。我是最没才德的，所以，只能出使楚国了。"楚王本想戏弄齐国的使臣晏子，却搬起石头砸了自己的脚。晏子同样以开玩笑的方式"以其人之道，还治其人之身"，维护了齐国的尊严。

这个故事源于《晏子春秋·内篇杂下》。后人多把典故"晏子使楚"

喻为以其之道，还治其人之身。

日积月累

背一背：

今上乐其乐，下伤其费，是独乐也，不可。——《晏子春秋》

选贤(xián)进能，不私乎内。——《晏子春秋》

拓展活动

同学们，有人把《晏子春秋》中的故事编成了《晏子故事》一书。请你利用自己的压岁钱买下这本书，和父母一块儿读一读吧。

走进齐文化 三

第五单元　　齐风遗韵

> 临淄素有"地下博物馆"的美誉，境内分布着150多座千年古墓，300余处古文化遗址。它们是齐文化物质遗产的典型代表，是祖先留下的一笔宝贵的物质财富和精神财富。光阴飞逝，岁月悠悠。如今，这些遗址仿佛仍在向人们诉说着它们当年的风采与辉煌。

第16课　后李文化遗址

后李文化遗址，位于临淄区齐陵街道后李官村西北，在淄河东岸一片呈半状外凸的两级台地上。由于受淄河水的冲刷，遗址的西、南、北三面形成了高达十多米的断崖。遗址现存范围东西约400米，南北约500米，总面积约20万平方米。

后李文化遗址是山东地区迄（qì）今为止最早的新石器时代的考古文化和人类遗存，距今8200—7800年左右。遗址包括新石器时代早期、西周早期、春秋战国、汉代

中华传统文化

至宋元及清代等不同时期的遗存。它年代延续之长，内涵(hán)之丰富，实为罕见，堪(kān)称海岱(dài)地区史前文化的源头。

后李文化遗址是山东淄博地区唯一一处以本市内的地点命名的考古文化，为临淄这座在战国时期就闻名世界的故都增添了深沉、厚重的内涵。

红陶罐，后李文化，1990年后李村出土

筒形釜(fǔ)，
后李文化，
1990年后李村出土

古车博物馆

知识链接

自1988年10月至1990年6月，山东省文化厅济青高速公路工程文物工作队，对后李文化遗址进行了四次大规模的考古发掘，发现了地下春秋时期的殉车马，十辆古车一字排列，三十二匹马昂首而卧，四蹄蜷曲，

走进齐文化 三

犹如驾车狂奔，实属国内外罕见。身临其境，依稀看到车辚辚马啸啸正向疆场挺近的场景。此发现被列入1990年中国十大考古发现之一。1994年，依托后李春秋时期殉车马遗址，建成了全国首家古车博物馆——临淄中国古车博物馆。

分享交流

时代不断发展，人类对未知世界的探索进程也将不断加快。今天，我们在临淄发现了后李文化遗址，把山东文明的起始点推进到一个新的领域。作为一名临淄人，你心中是否充满着自豪呢？此时此刻，把你知道的、感悟到的，跟你的小伙伴分享一下吧！

拓展活动

议一议：

临淄历史悠久，文化灿烂，吸引了大批国内外游客，作为临淄的小主人，同学们应该做些什么呢？

第17课　桐林（田旺）文化遗址

桐林（田旺）文化遗址，位于临淄区凤凰镇田旺村和朱台镇桐林村之间的台地上。它是我国重点文物保护单位。遗址地处平原地带，整个遗址南北约2000米，东西约1500米，面积达300万平方米。中心面积30万平方米，中间高出地面5—7米。西边的乌河，和东、北边的画水在这里交汇，使该地四面环水，形成了天然屏障。这里既可以渔猎，又宜农耕，自然条件十分优越，非常适合古代先民的生息繁(fán)衍(yǎn)。

桐林（田旺）遗址

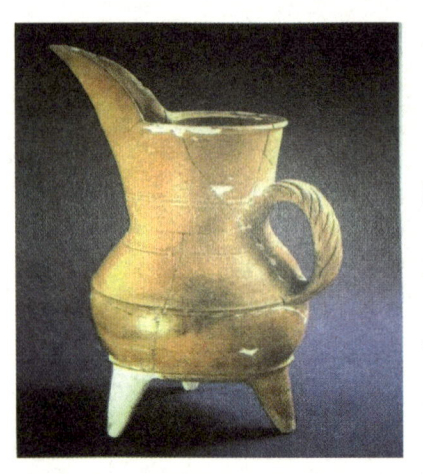

红陶鬶(guī)

从1965年北京大学考古实习队在临淄考察时发现了该遗址，到2002年，经过多次考察发掘，这里出土了大量陶器、石器；还伴有家畜骨骸(hái)、牙齿等物出土，各个文化年代的文化堆积不仅连续，而且十分丰富。

走进齐文化 三

通过考古研究所勘探情况表明：该遗址分内城和外城，内城平面为不规则的圆角方形。遗址四周环绕的，是夯(hāng)土城墙。外城则基本上占据了整个台地。桐林（田旺）城址可以说是中国城市的萌芽之一。

龙山文化时期的桐林（田旺）先民生产生活环境

知识链接

黑陶蛋壳高柄杯

黑陶蛋壳高柄杯，是大汶口文化晚期和山东龙山文化的代表性器物之一。它代表了当时制陶工艺的最高水平，是当时最高级的一种饮酒器。此类器物器壁一般厚度在1毫米左右，重50—70克，有"黑如漆，明如镜，薄如纸"的赞誉。桐林（田旺）遗址也出土了这种高炳杯，杯体陶质细腻，漆黑光亮，透雕中空，造型优美，制作精巧，堪称稀世瑰宝。

中华传统文化

分享交流

在远古时期，劳动人民没有现代化的工具，没有准确的机器设备，但是，他们凭借自己灵巧的双手，练就了一个个能工巧匠，创造了一个个奇迹，有些甚至是我们现代都做不到的，想必你的心中一定无比钦佩，有很多话想说，赶紧把你的感慨跟同学们交流一下吧！

拓展活动

桐林（田旺）遗址出土的古文物非常多，你知道的有哪些？有时间可以上网搜一搜，到博物馆看一看，回来和同学交流交流。

走进齐文化 三

第18课　临淄齐国故城遗址

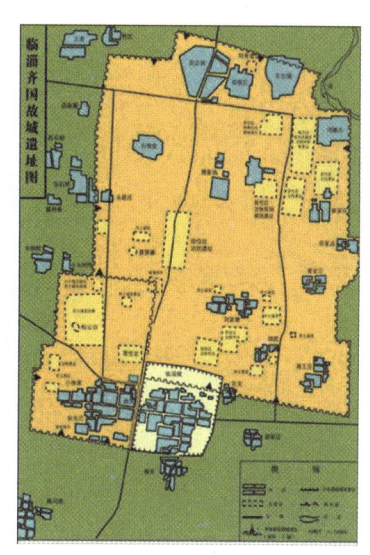

临淄齐国故城遗址位于临淄区齐都镇。

故城分大城和小城两部分。小城位于大城的西南角，是国君和主要大臣居住的宫城。大城是官吏、平民及商人居住的郭城。大城建造时间比小城要早。故城的大、小城内发现10条主要道路，其中小城内有3条，大城内有7条。大城的两条南北大道与两条东西大道在东北部相交叉，形成一个"井"字形，这一带是当时都城中最繁华的中心位置。

临淄齐国故城遗址图

齐王宫仿古模型

中华传统文化

小城西北部有一座高大的夯土台基，名叫桓公台，俗称梳洗楼、梳妆台，现高14米，南北86米，东西77米。此台，秦汉时期称环台，魏晋时期称营丘，唐长庆年间建齐桓公和管子庙于其上，故名桓公台。台为齐国官殿高台建筑遗址。在桓公台以东约1000米处，是约6000平方米的"金銮殿"建筑基址。这里多次出土铺地花纹砖、脊砖及各种纹饰的全、半瓦当。可见当年齐王官室的宏伟、华丽、辉煌。

齐国故城城垣遗址

故城开始修建的时候，就已经在城墙下设置好了精巧而科学的排水道口。4个排水道口都是由自然青石分层错落垒砌而成，既能排出城内积水以及生活废水，也能防御敌人由此进入，建造十分科学。

齐国故城遗址保存完整，地上地下的文物古迹十分丰富，在中国文化史上占据着重要的地位。

知识链接

据史书记载，齐国故城有城门13座。已探明的有11座，其中小城城门5座，大城城门6座。按交通干道的走向和城门的布局，未探明的

走进齐文化 三

还有两座，一座是西门，大约在今齐都镇永顺村北，排水道口以南，群众传说叫"三圣门"；另一座是东门，在河崖头村南，或葛家庄以北，传为"雪门"。

分享交流

小朋友们，灿烂辉煌的齐文化在这里发祥，足球从这里起源，古临淄人的聪明才智成就了人类的优秀文化。你作为一名地道的临淄人，心中是否充满着自豪呢？此时此刻把你知道的、感悟到的跟你的小伙伴分享一下吧！

拓展活动

小朋友们，在齐国故城中，曾经发生过很多很多故事，你知道哪些？课后，可以搜集几个发生在齐国故城中的故事，讲给爸爸妈妈听。

第19课　田齐王陵

田齐王陵位于临淄区的最南端，与青州市交界。

田齐王陵包括太公田和冢、二王冢、四王冢及附近的几百座小墓冢，是目前我国现存规模最大的先秦诸侯王陵古墓群，堪称战国时期王陵的典型代表。太公田和冢位于青州市境内。

田齐王陵之二王冢

二王冢，又称二王坟、齐王冢。它为田齐侯剡(yǎn)与田齐桓公午之墓。它位于今临淄区齐陵街道郑家沟村西的鼎足山上。二王冢，因山为坟，封土高大，气势雄伟，如同山上之山。

四王冢，位于齐陵街道境内的牛山东麓(lù)。它依山而立，巍峨高大，一基四巅(diān)，东西并列，绵延相连，被称为"东方金字塔"。此四墓为战国时期齐国国君齐威王、齐宣王、齐湣(mǐn)王、齐襄(xiāng)王的墓。

四王冢

走进齐文化 三

田齐王陵是全国重点文物保护单位。

知识链接

田齐共历八代国君,其中有七位国君葬在田齐王陵。齐威王、齐宣王、齐湣王、齐襄王,贯穿了战国时期齐国的鼎盛时期。齐威王演绎了一段"浪子回头金不换"的故事,留下了"一鸣惊人"的典故。齐宣王设立稷下学官,倡导百家争鸣,为中国的文化和精神文明建设作出了重要贡献。齐湣王穷兵黩(dú)武,开罪诸侯,遭群攻被杀。齐襄王平庸无能,使齐国走上了衰弱。

分享交流

在临淄四隅(yú),有150余座古陵墓(冢),被称为"临淄墓群"。这些古墓,大都是春秋战国时期及汉代齐国王侯、大臣、贵族的陵墓。除了田齐王陵,你还知道哪些?跟同学们交流交流吧!

拓展活动

寻一寻:

亲爱的同学们,让我们利用节假日,亲自到齐陵鼎足山和牛山之东踏寻田齐王陵吧!

查一查:

亲爱的同学们,我们可以利用图书馆或网络查一查田齐王陵中埋葬的国君的故事,并讲给爸爸妈妈听。

中华传统文化

第六单元　　城台寻踪

临淄作为齐国故都，齐文化的发祥地，留下了大量文物古迹，素有"地下博物馆"的美誉，是游客向往的"齐文化旅游区"，丰富的齐文化旅游资源，吸引了大批国外游客前来参观，这节课让我们一起去城台寻踪，体会古代人们的智慧和创造才能吧！

第20课　营丘故城

营丘城故址位于今齐都镇河崖头村西约200米处的韩信岭一带，齐国故城大城东北角。这里东临淄河，文化堆积一般在3—4米。

公元前1045年，姜太公辅佐周武王灭商兴周，因首功被封于齐国，建都营丘。传至齐国六世胡公静，为避免东方莱夷侵扰，于公元前866年迁都薄姑（今博兴县境内）。公元前859年，齐国七世献公山率营丘人杀死胡公静，返都营丘，因营丘紧临淄水，故更名为临淄。

走进齐文化 三

2003年，临淄区政府为更好地保护营丘城故址，在韩信岭西南设置了"营丘城故址"保护碑。碑文的内容是："据经史载，西周初年，周王封姜太公与齐，都治营丘。公元前866年齐胡公迁离营丘，徙都薄姑。公元前859年齐献公徙离薄姑，复都营丘，更名临淄……"

知识链接

营丘，古代属营州，《尔雅·释地》说："齐曰营州。"伯益，东夷土著族首领少昊之后，嬴姓诸国的受姓始祖，他的裔族遍布齐地，营州以嬴姓（营、嬴同音）而得名。营丘则以营州而得名。

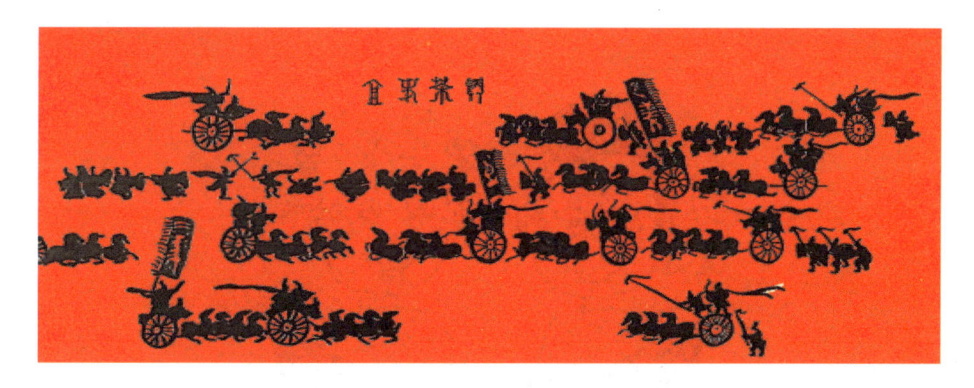

故事链接

关于姜太公建都营丘的历史，司马迁在《史记·齐太公世家》中这样记载：公元前1045年，姜太公辅佐周武王灭商建周后，因首功被封于齐国，建都营丘。太公行军途中宿于客舍。客舍中人说："我听说机会难得而易失。这些人客居半途又很安心，实在不像赴国上任的人。"太公听后，立即召集人马，连夜紧急赶路，黎明将要到达营丘时，正遇上莱侯前来与太公争营丘。莱侯是莱夷的首领，原来是附属于商朝，为阻止周朝的实力向东发展，率兵前来抵抗，企图阻止周朝势力的扩张，对抗刚刚建立的齐国。双方经过激烈的争夺，太公战胜了莱侯，占领了营丘。

拓展活动

寻一寻：

同学们，抽时间和爸爸妈妈一块儿去齐都镇参观一下营丘城故址吧！

查一查：

同学们，请利用图书馆或网络搜寻一下营丘城的历史吧！

走进齐文化 三

第21课　齐都临淄故城

齐都临淄城全景复原模型

齐都临淄城是我国周至汉时期最大的工商业都市。

临淄城历史源远流长。公元前 1045 年至公元前 386 年，姜太公建立的姜姓齐国 32 君在此建都；公元前 386 年至公元前 221 年，田和建立的田姓齐国 8 王在此建都，临淄作为周代齐国都城长达 817 年……有"七遍为京、八遍为城"之称的临淄，作为周齐故都、两汉王城，在中国历史上，特别是先秦两汉时期，声名显赫，地位极其重要。

中华传统文化

临淄城久负盛名。春秋桓公称霸时，临淄居民有4万余户，人口20多万。战国时期，临淄居民多达7万余户，常住人口保守估计也在60万；西汉初年，临淄有户10万，人口逾百万，"巨于长安"（长安此时8万多户）。汉朝有"五都"的称号，临淄是其中之一，因此有"西有长安，东有临淄""东方的罗马""海内名都"的传统美誉。临淄城，是周、秦、西汉时期中国冶金（主要是冶铜、冶铁）业中心、丝织业中心、制车业中心、制陶业中心、漆器制造中心、铸镜中心、铸币中心、手工业科技中心八个手工业方面的中心和海盐、丝绸两大商品的集散地。此外，临淄还是全国思想学术中心、音乐之都和"东方奥林匹亚"。

知识链接

汉朝五都分别是临淄、成都、邯郸、南阳、洛阳。当时，临淄"巨于西安"，"非天子亲弟爱子不得王此"。

临淄是足球、射击、武术、赛马、赛车、棋类起源地，被称为"东方奥林匹亚"。

走进齐文化 三

分享交流

同学们，你能说一说在周、秦、西汉时期，临淄城是什么的中心吗？

拓展活动

查一查：

同学们，请利用图书馆或网络搜寻一下齐都临淄城的历史吧！

画一画：

同学们，拿起你的画笔，画一画你心目中的齐都临淄城吧！

中华传统文化

第22课　安平故城

安平故城位于临淄区皇城镇皇城营村南。安平城近似长方形，只东南角向内凹进，南北长约2000米，东西宽约1800米，总面积约为3.6平方千米。

目前，安平故城城垣(yuán)大部分被夷(yí)为平地，仅东北角稍有残存，高出地面2米，长约50米，系夯(hāng)土建造，夯层厚20厘米，夯窝直径5.5厘米。

安平城原叫酅(xī)邑(yì)，属于纪国。战国时期，齐国吞并了纪国，将它改为安平城，齐国国相田单，因复国有功，被封为安平君，死后葬于此。

安平故城，属于市级重点文物保护单位。

知识链接

酅(xī)台，位于安平城内中部偏东，石槽村中。最早似为纪国酅邑(yì)的宫殿高台建筑。春秋战国时期，齐国将其改建为粮仓之台，故又名

走进齐文化 三

"望粮台"。1920年的《临淄县志》认为，此台是东汉安平侯刘茂所筑。现在台基呈椭圆形，高12米，直径15米左右。

分享交流

同学们，你知道一代贤相、军事家田单用"火牛阵"突袭敌军，势如破竹的故事吗？和大家交流一下吧。

拓展活动

寻一寻：

同学们，抽时间和爸爸妈妈一块儿参观安平故城遗址吧！

查一查：

同学们，让我们一起利用图书馆或网络搜寻一下安平故城的发展史吧！

中华传统文化

探究课　　走进临淄城

临淄，这一片神奇的土地，历史悠久，文化灿烂。临淄文化积淀深厚，文物古迹众多，有临淄齐国故城、营丘城故址、安平故城，这些城台或镌刻着一段历史，或记录着一个人物。这节课就让我们一起走进临淄城，体会古代人物的智慧和创造才能。

活动内容：

以临淄城台为探究对象，从遗址的位置、人物故事等方面进行探究，了解、感受临淄城台的历史价值。

活动目的：

1. 知道部分临淄城台的名称。
2. 了解部分临淄城台遗址的位置、人物故事。
3. 初步感受临淄城台的历史价值。

走进齐文化 三

活动准备：

1. 通过阅读介绍临淄城台的书籍或上网查阅资料，了解有关临淄城台的历史故事。

2. 通过访问家人和身边的人，了解他们知道的临淄城台遗址的位置、人物故事、历史价值。

3. 准备用手抄报、讲故事、演讲等各种形式讲述自己知道的临淄城台遗址的知识。

活动步骤：

1. 向同学们介绍自己知道的临淄城台的名称，看谁说得多。

2. 采用不同形式跟同学们交流临淄城台的历史故事。

3. 选一个你感兴趣的临淄城台，和家人朋友周末时间去探寻一下。

活动延伸：

通过本单元和本节探究课，同学们了解了不少临淄城台的故事，向自己的家人或朋友介绍一下它们的历史吧。

中华传统文化

第七单元　　古冢传奇

姜太公、管仲、田单、晏婴，这些赫赫有名的人物，宛若群星，永远闪耀在历史的天空，历经时光的淘洗但依然璀璨夺目，他们如巍巍群山，虽历经千年，但依然高耸云端，让后人仰慕。今天我们一起走进关于他们的古冢传奇，领略他们的智慧与才干。

第23课　太公衣冠冢

姜太公衣冠冢(zhǒng)位于临淄桓公路与遄台路交叉路口东南。

太公衣冢高约18米，南北长约50米，东西宽约55米。冢前立有墓碑，上面写着"武成王姜太公衣冠冢"九个字。冢前还立有花岗岩石柱坊，横梁上写着"周师齐祖"四个字，楹(yíng)联为"葬衣冠永怀太公德，建祠(cí)宇重现武成光"。

姜太公因辅佐周武王伐纣灭商有功，公元前11世纪被封于齐国，为齐国第一代国君。姜太公去世后，返葬在了周朝。齐人思念他的德行，把他的衣冠葬在了此地。

走进齐文化 三

知识链接

读一读：

太公至国，修政，因其俗，简其礼，通商工之业，便鱼盐之利，而人民多归齐，齐为大国。——《史记·齐太公世家》

东至海，西至河，南至穆(mù)陵，北至无棣(dì)，五侯九伯，实得征之。——《史记·齐太公世家》

分享交流

同学们，姜太公的传说和故事非常多，你知道几个？赶快跟同学们交流一下吧！

拓展活动

记一记：

天下非一人之天下，乃天下之天下也。同天下之利者，则得天下；擅(shàn)天下之利者，则失天下。——《六韬(tāo)》

走一走：

同学们，周末与父母一起到姜太公祠走一走吧，瞻(zhān)仰一下太公的遗风，感受一下太公的智慧吧！

第24课　　管仲墓

管仲墓位于齐陵街道北山庄西面。

管仲墓南临牛山，北眺平原，西邻淄河。墓高约14米，东西长约34米，南北宽约14米。

1981年，临淄人民在管仲墓前立石碑两方：一刻管仲画像；一刻"齐相管夷吾之墓"。2004年，临淄人民以此墓为依托，兴建了管仲纪念馆。

管仲纪念馆

走进齐文化 三

故事链接

管仲破厚葬

齐国好厚葬,布帛尽于衣衾,材木尽于棺椁。桓公患之,以告管仲曰:"布帛尽则无以为蔽,材木尽则无以为守备,而人厚葬之不休,禁之奈何?"管仲对曰:"凡人之有为也,非名之,则利之也。"于是乃下令曰:"棺椁过度者戮其尸,罪夫当丧者。"夫戮死,无名;罪当丧者,无利。人何故为之也未几厚葬之风休矣。(节选自《韩非子·内储说上》)

译文:齐国(人)喜欢用很多财物陪葬,(国内的)布匹帛锦全都被用来做寿衣,木材都用在做棺材上。齐桓公很担心这件事,就诉管仲说:"布帛用尽了,就没有什么可以用来作为遮身的,材木用尽了,就没有什么可以用来作为防守的,可是人们用很多财物陪葬(的风俗)却不停止,禁止它怎么样?"管仲回答说:"但凡人有(什么)行动,不是为了求名声,便是为了得利。"于是(齐桓公)就下令说:"(今后)棺材超过限度的人就羞辱他尸体,问罪那些主持丧事的人。"羞辱尸体,没有了名声可图;问罪那些主持丧事的人,没有了利益可图,人们何必还要干那种事,没过多久,厚葬的风气停止了。

中华传统文化

分享交流

同学们，管仲的故事很多很多，把你知道的和小伙伴交流交流吧！

日积月累

一年之计，莫如树谷；十年之计，莫如树木；终身之计，莫如树人。一树一获者，谷也；一树十获者，木也；一树百获者，人也。

拓展活动

"三月三，赶牛山"，是临淄百姓为祭奠管仲而遗留下来的习俗。每年农历三月初三，周边百姓云集牛山脚下、管仲墓前，看社戏、逛庙会，人流如潮，热闹非凡。人们在明媚的阳春三月，祈求五谷丰登，吉祥安康。让我们也趁三月三或者每年九月的齐文化旅游节来逛一逛吧。

走进齐文化 三

第 25 课　　晏婴墓

晏婴墓位于齐都镇永顺村东南约 350 米处。墓高约 11 米，南北长 50 米，东西宽 43 米。墓前立有明代万历二十六年五月钦差巡抚都(dū)察院御(yù)史尹应元题写的"齐相晏平仲之墓"石碑和清康熙五十二年、五十三年重修碑两块。

晏婴墓

1981 年，临淄人民在晏婴墓的四周建了砖墙，大门向南开。1982 年秋天，人们摹刻了清道光七年《古代友贤传略》中晏婴的像，同时刻置了晏婴传略石碑。

晏婴墓是"临淄八大景"之一，从清朝开始就有"古冢遗迹怀晏相"的诗句。

日积月累

交游海内生平遍，衰草斜阳哭晏婴。——《吊晏婴冢》

假令晏子而在，余虽为之执鞭，所忻(xīn)慕焉(yān)。

——《管晏列传》

中华传统文化

故事链接

凿楹纳书

晏婴年老以后，要告老还家，就把齐国封给他的城邑和使用的车马全都交给了国家，死后也没给家里留下什么遗产。

晏子病重时，他对妻子说："我最担心的是死后家庭风俗会改变。"反复嘱咐老伴谨慎地照看好家，不要改变了勤劳俭朴的家风。他还给儿子写了遗言，在厅堂前的柱子上凿了一个洞，把遗书藏在里面。嘱咐妻子，等儿子长大了再让他看。晏婴写给儿子的遗书，上面说的意思是：布帛不能没有，没有布帛就没有衣穿，牛马不能没有，没有牛马就不能耕地驾车，但最重要的是国家不能没有，国家没有了，一切东西都会失去。

晏子一生节俭，临死最关心的还是勤劳俭朴作风能不能继承下去的问题，并让孩子明白俭朴与国家的关系，俗话说"成由节俭，败由奢"。一个国家由盛到衰，无不是从丢掉了俭朴精神奢侈腐败开始的。晏子临终对妻子儿女的遗言，说的就是这个道理。

这个故事源于《晏子春秋·内篇杂下》。成语"凿楹纳书"意思是挖开柱子藏书。比喻把东西藏起来，以达到长久传下去的目的。

拓展活动

寻一寻：同学们，晏婴作为一代贤相，给我们留下了宝贵的精神财富，请大家在家长的带领下到齐都镇找一找晏婴墓，给家长讲一讲晏婴的故事吧！

走进齐文化 三

第26课　田单墓

田单墓位于安平故城中，在皇城镇皇城营村东南约700米，石槽村西约500米处。

田单墓高约7米，南北长约26米，东西宽约25米。墓前有临淄区政府所立的"田单之墓"石碑。据1920年《临淄县志》记载，掘井者曾在墓的东面得到很多铜器。1972年，当地群众在墓的东侧整地时，距地表约1.5米处，发现了石椁(guǒ)，其间有大量卵石，怀疑是田单墓室，就重新进行了掩埋。

田单墓是省级重点文物保护单位。

故事链接

田单复国后，曾遭到过小人的陷害。

齐襄王有九个宠幸的侍臣，都想害田单。他们想方设法让襄(xiāng)王派貂(hé)勃出使楚国。貂勃还没有回来，他们就说，貂勃敢于迟迟不归，是依仗田单的势力。他们还说，田单不讲君臣之礼，笼络人心，企图

中华传统文化

谋反。齐襄王将信将疑，从此变得对田单十分无礼。

貂勃从楚国回来后，齐襄王请他饮酒，酒酣(hān)时竟高喊："叫田单马上来！"貂勃赶忙离席叩头："大王怎么能说出这种亡国的话呢？"接着又问襄王比周文王、齐桓公如何？襄王自感不如。貂勃说："既然如此，周文王得到姜尚尊为太公，齐桓公得到管仲尊为仲父，如今大王得到安平君（即田单）却偏偏直呼其名，这是多么不应该啊！"貂勃又历数了田单在齐国生死存亡时的功绩，感慨万分地说："在那个时候，如果安平君关闭城阳自称为王，城阳和天下的人谁能制止？如今国事安定，人民安生，大王却直呼其名，就是孩子，也不会这样做。请大王赶快杀掉你的九个宠臣，向安平君谢罪吧！不然国家就危险了。"

齐襄王恍然大悟，严厉惩罚了那九个宠臣，与田单和好如初了。

分享交流

同学们，体现田单智慧的故事很多很多，你知道多少？赶快与同学们交流交流吧！

拓展活动

走一走：

同学们，周末的时候，可以和父母一块儿到田单墓游览一下。在墓前，可以给爸爸妈妈讲一讲田单的故事。

走进齐文化 三

第八单元　　文物撷英

> 齐都文物各类繁多，工艺精湛(zhàn)，青铜器、陶器、金银器、玉器、石器一应俱全，精品荟(huì)萃(cuì)。齐国历史博物馆现藏国家一级文物38件、二级53文物件、三级文物1398件。本单元重点介绍4件国家一级文物。

第27课　　大铜盂(yú)

大铜盂是国家一级文物，现藏于齐国历史博物馆。

铜盂是大型盛饭、盛水的器具。青铜盂最早见于商代晚期，到了春秋时期，已经非常少见了。这件大铜盂高43.4厘米，口径62厘米，重35.5千克。它口大，没盖，圈足，腹部有两个把手(失一个)。他的腹、足雕(diāo)饰(shì)有四条纹带，中部一条为环带，其余为波状纺和窃(qiè)曲纹，纹饰简洁质朴，疏朗流畅。

大铜盂出土于齐都镇河崖村，是目前山东地区出土的西周时期同类器物中最大、最重的青铜器。

中华传统文化

知识链接

与大铜盂一起出土的还有四件铜簋(guǐ)。簋是盛放煮熟的稻、梁等饭食的器具，相当于现今的大碗。其中最精美的是双龙把手簋，它腹部两侧各有一个龙形把手，精美绝伦，巧夺天工，是西周青铜器中不可多得的精品。

拓展活动

同学们，与大铜盂一起出土的还有很多青铜器，周末和父母一块儿到齐国历史博物馆去看看吧。

走进齐文化 三

第28课　人形足敦(duì)

人形足敦为国家一级文物，现藏于齐国历史博物馆。敦是盛放黍(shǔ)、稷(jì)、稻、梁等饭食的青铜器，产生于春秋中期，盛行于春秋晚期到战国晚期，秦以后消失。敦的基本特征是上下内外都是圆的，盖儿与器物合成球体或卵圆体。

1964年，在齐都镇河崖头村出土的人形足敦是春秋时期的炊具，高13厘米，口是椭圆形，纵11.6厘米，横11厘米，内腹深8.2厘米，足高3厘米，敦两边各有一只环耳。它的盖儿微微隆起，上面有4个环钮。腹和盖上装饰着谷纹和蟠(pán)蛇纹，被涂成绿色。

特别值得一提的是它的三个人形的足，人做成跪的样子，双手放在膝盖上，用头支撑着敦身，这也是它以"人形足敦"命名的原因。人形足敦反映了奴隶社会阶级剥削和阶级压迫的历史事实。

中华传统文化

知识链接

一 人形足敦(河北)

河北省文物研究所收藏着一个战国晚期的人形足敦,高14.4厘米,口为圆形,直径27.5厘米,是1964年在河北省怀来县狼山出土的。器口呈盆状,大口,微卷唇,浅圆腹,平底,矮圈足。腹部有一组凸饰弦纹带,并在两侧各铸有一兽面铺首。腹下有三个人形足,人都圆目,高鼻,大口,赤身直立,仅下部穿一片方格纹衣裳,头顶器腹,双手叉腰,呈用力支撑状。

二 乳钉纹敦

1973年出土于临淄区敬仲镇褚(chǔ)家庄村，为春秋时期盛黍、稷、稻、粱等饭食的青铜器具。通高17.5厘米，腹深9厘米，壁厚0.3厘米，足高3.7厘米，腹径21.5厘米，口径20.5厘米。小蹄足，平口，口沿下有凸形半圆槽，腹侧双环耳，盖微拱，上有三个倒立小蹄形钮（niǔ），可倒置。腹、盖共饰乳钉76枚，取梅花桩式排列。

乳钉纹敦

拓展活动

上网查阅资料，了解"敦"的相关知识，与同学分享交流。

中华传统文化

第29课　青铜鉧

青铜鉧是国家一级文物，现藏于齐国历史博物馆。

青铜鉧是西周时期的量(liáng)器。它高8.5厘米，口径10.2×8厘米。它外形像两个半球合成，小翻沿、鼓腹、平底。腹的长边一侧有一个环耳，腹的两短边各有一个小圈钮，口沿下装饰夔(kuí)龙纹一周。

故事链接

1984年11月30日，临淄区齐都镇东古城村村民冯景富正在挖一个地窖(jiào)，准备保存过冬的大白菜。突然，"当"的一声，有什么东西撞击了他的镢(jué)头。他好奇地弯下腰，扒开土查看。他看到了一个略微有点绿色的金属器物。他连忙小心地用铁锨(xiān)慢慢地刨了出来，原来是一件青铜器！他想：会不会还有其他宝物呢？他立刻又小心翼翼地向下挖去。1件、2件、3件……没想到一个小小的土坑里竟然挖出了30多件铜器和陶器。

他把这些文物装上了车，毫无保留地交给了临淄区文物管理所。青铜

走进齐文化 三

鉌就是冯景富上交文物中的一件精品。文物管理所的领导高度赞扬了冯景富保护文物的做法,并给予了他奖励。随后文物管理所的业务人员到现场进行清理,发现这是一座古墓。

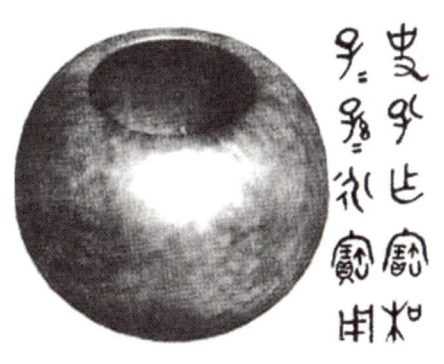

史孔鉌

知识链接

在中国历史博物馆里,有一件国宝,叫史孔鉌。它高7.5厘米,直径11厘米,制作很精致,看上去像个球形带把手的水盂。它是3000年前西周时期的青铜器,内部底面刻有大篆(zhuàn)体铭文"史孔作宝鉌,子子孙孙永宝用"。它很可能是西周法定量器——合。考古学家郭沫若、夏鼐(nài)等都称它可与著名的商鞅(yāng)量、秦权秦量、汉尺等量器相媲(pì)美,是中国计量史、农业史上一件不可多得的文物。

拓展活动

你想知道与"青铜鉌"一起出土的青铜器吗?周末到齐国历史博物馆去看看吧。

中华传统文化

第30课　仲(zhòng)姞(jí)豆

1987年8月的一天,临淄区敬仲镇白兔丘村的村民崔增才在村东的淄河滩中挖沙。突然,沙土中露出了一件青铜器。他惊喜万分,小心地挖出来带回了家。后来,他主动把这件青铜器捐献给了齐国历史博物馆。这就是国家一级文物仲姞豆。

仲姞豆高22厘米,口径17厘米,盘深9.3厘米,敛口翻唇,盘腹外有两个环耳,腹内铸有21个字:"唯王正九月辰在丁亥(hài)既可忌作厥(jué)元子仲佶媵(yìng)女敦(duì)。"经专家鉴定分析,这是姞国的国君为远嫁齐国的女儿所铸(zhù)的陪嫁品。齐国在春秋战国时期,是一个强国,姞国国君可能是利用联姻(yīn)的方式,来改善与齐国的关系。

仲姞豆

走进齐文化 三

知识链接

青铜豆盛行于周,外形像带高座的盘子。它既可以用来盛放干食,也可盛放调好的汤汁。在祭(jì)祀(sì)场合,豆是礼器之一,是向神灵供献牺牲食品的最后一道器具,即将肉从鼎中捞出,在案板上切好,放到豆中敬奉。"豆"字为象形字,字的形象与实物非常接近,现在豆子的意思是从原义转借来的。

拓展活动

仲姞豆与战国时期出现的环耳豆极为相似,所以,考古专家将它命名为"豆",但它内部的铭文却以"敦"命名。请你课外查阅资料,或到博物馆中亲自考查一下"豆"与"敦"这两种器物,看看它们的同与异,想想它们之间的关系。

主要参考书目

《齐国故都临淄》(上、下)——中共临淄区委、区政府编

《走进齐都》——谢维俊主编

《临淄成语典故》(上、下)——毕国鹏主编

《临淄区非物质文化遗产名录》(上)——临淄区非物质文化遗产名录编辑委员会编

《古代咏齐诗赋辑览》——王毅编著

《齐文化成语千句文》——王本昌、王海青著

《齐国成语典故故事》——王本昌著

编后语：

为落实教育部《完善中华优秀传统文化教育指导纲要》精神，由宋爱国同志倡导和发起，张成刚同志积极推进，组成了《中华传统文化——走进齐文化》编委会，编写了本书，旨在使广大中小学生通过对齐文化的学习和了解，感悟齐文化的丰富多彩和博大精深，激发热爱齐文化的情感，提高对齐文化的认同度，从而探究齐文化，发掘齐文化，弘扬和光大齐文化，共建中华民族文化的精神家园。

徐广福拟定《〈中华传统文化——走进齐文化〉编写大纲》，确立了编写的指导思想、编写的原则、编写的思路、编写的体例、编写的内容和编写的目录；李德刚、吴同德、于建磊负责分册编写的组织、统稿、审稿和修订工作；王鹏、朱奉强、许跃刚、李新彦多次组织相关会议，推动了本书的编写工作；各分册的编写人员尽心竭力，按时完成了编写任务。

本书在项目论证、具体编写、审稿修订的过程中，得到了社会各界的帮助。齐文化专家宣兆琦教授对本书的编写纲要提出了很好的意见和建议；临淄区齐文化研究中心、齐文化研究社鼎力相助，宋玉顺、王金智、姜建、姚素娟、王景甫、王本昌、王方诗、邵杰、胡学国、王毅等专家给予了热情指导和真诚帮助，在此表示衷心感谢！

我们还要感谢试用本书的广大师生和读者。限于时间和水平，本书难免会存在一些问题，希望在试用过程中，及时把意见和建议反馈给我们，以便我们进一步改进和优化，提高本书的内涵品质。

《中华传统文化——走进齐文化》编委会
2023 年 2 月